PETITS PRATIQUES CUISINE

Brunch

Carole N FRANKEL

Photos : Bob NORRIS
Stylisme : John BENTHAM

HACHETTE
Pratique

Sommaire

Signification des symboles

★ très facile

★★ facile

★★★ difficile

€ bon marché

€€ raisonnable

€€€ cher

Introduction

Mes idées de brunch

Le mot « brunch » vient de l'américain « breakfast », le petit déjeuner, et de « lunch », le déjeuner. C'est un repas idéal pour ceux qui aiment faire la grasse matinée. C'est également une occasion de manger chez soi, en famille ou entre amis, dans une ambiance décontractée. La plupart des plats qui composent un brunch sont préparés la veille, ce qui permet au cuisinier, ou à la cuisinière, d'être à table avec ses invités.

Comme il s'agit d'un déjeuner, il contient systématiquement des œufs (omelette, œufs brouillés, œufs au plat), des pains divers (muffins, croissants, brioches), une salade ou une compote de fruits, et une pâtisserie. Le brunch s'inspire aussi du repas du midi, auquel il emprunte souvent de la viande (bacon, jambon, saucisses), parfois une salade, du fromage ou des plats à base de fromage frais, et un dessert. Les boissons qui accompagnent le brunch peuvent être des jus ou des cocktails de fruits, du thé ou du café. Les Américains savourent également un petit mimosa, mélange de champagne et de jus d'orange, tout en dégustant leur brunch.

Personnellement, j'adore organiser des brunchs. Lorsque j'étais étudiante, je préparais très souvent un brunch le dimanche matin pour quelques ami(e)s : nous nous racontions les aventures de la semaine passée, nos projets pour la semaine à venir et faisions les mots croisés du New York Times, un effort qui demandait plus qu'un seul cerveau ! Je continue à préparer des brunchs, car c'est toujours un moment agréable à passer entre amis ou en famille. Les invités ne sont pas fatigués après une journée de travail et personne n'est pressée de rentrer pour se coucher tôt. De 11 h du matin jusqu'à 14 ou 15 h, c'est parfait.... Et il reste encore toute la soirée pour faire ce que l'on veut !

D'habitude, je prépare deux plats différents à base d'œufs, plusieurs pains, et deux gâteaux pour offrir un choix aux amis. Mais le principe du brunch est de goûter à tout.

A la fin de ce livre, je propose des recettes de brunchs classées par thème. Bien sûr, vous n'êtes pas obligés de suivre chaque menu à la lettre! J'essaie de vous donner des variantes de recettes afin que vous puissiez ajouter votre touche personnelle aux recettes. Vous verrez que recevoir pour un brunch est un moment vraiment agréable.

Peut-être qu'un jour, le brunch deviendra aussi pratiqué en France qu'aux États-Unis ?

Carole N Frankel

Beignets aux pommes

Pour **6 personnes** – Préparation : **10 minutes** – Cuisson : **15 minutes**

Difficulté : ★ - Coût : €

- 2 œufs
- 36 cl de jus d'orange, de yaourt ou de lait
- 240 g de farine
- 1 cuil. à café de levure chimique
- 1/4 de cuil. à café de sel
- 55 à 100 g de sucre semoule (dépend de l'acidité des pommes choisies)
- 3 pommes acides, épluchées et râpées
- Huile végétale pour la cuisson
- 4 cuil. à soupe de sucre glace
- 1/2 cuil. à café de cannelle

1 Dans un saladier, battez bien les œufs avant d'ajouter le jus d'orange ou le yaourt ou le lait.

2 Dans un petit bol, mélangez la farine, la levure, le sel et le sucre. Ajoutez le mélange aux œufs. Incorporez ensuite les pommes râpées.

3 Dans une poêle de 23 cm de diamètre, faites chauffer 40 cl d'huile. Versez une bonne cuillerée à soupe de pâte par beignet. Laissez cuire environ 2 min de chaque côté. Sortez les beignets de la poêle et posez-les sur du papier absorbant.

4 Mélangez le sucre glace et la cannelle et saupoudrez-en les beignets encore chauds juste avant de servir.

Biscuits à la levure

Pour **16 à 20 biscuits** – Préparation : **10 minutes** – Cuisson : **20 minutes**

Difficulté : ★ - Coût : €

- 240 g de farine
- 1/2 cuil. à café de sel
- 4 cuil. à café de levure chimique
- 1 cuil. à soupe de sucre semoule
- 115 g de margarine, à température ambiante
- 16 cl de lait

1 Préchauffez le four à 220 °C (th. 8). Beurrez la plaque du four.

2 Dans un récipient, mélangez la farine avec le sel, la levure et le sucre. Ajoutez la margarine puis mélangez à l'aide d'une fourchette pour obtenir un mélange grumeleux. Ajoutez le lait en une seule fois et remuez jusqu'à ce que la pâte forme une boule.

3 Posez la pâte sur une surface légèrement farinée et pétrissez-la 15 fois. Formez un disque d'environ 1,2 cm de haut à l'aide d'un rouleau et découpez la pâte en petits ronds avec un verre de 5 cm de diamètre. Récupérez la pâte restante pour l'étaler de nouveau et découper d'autres ronds.

4 Disposez les ronds de pâte les uns contre les autres sur la plaque. Enfournez et laissez cuire pendant 15 à 20 min.

5 Servez chaud. Vous pouvez les couper en deux et les servir avec du beurre.

Variantes

Biscuits au lait fermenté : remplacez le lait et la levure par 16 cl de lait fermenté, 2 cuillerées à café de levure et 1/2 cuillerée à café de bicarbonate de soude.

Biscuits au fromage de cheddar : ajoutez 55 g de cheddar râpé au mélange farine-sel-levure-sucre.

Blintzes

Pour **12 crêpes farcies sautées** – Préparation : **45 minutes** – Cuisson : **25 minutes**
Difficulté : ★★★ - Coût : €€

Pour la farce :
- 2 cuil. à soupe de fromage frais à 40 %
- 450 g de cottage cheese
- 1 jaune d'œuf
- 2 cuil. à soupe de sucre semoule
- 1/2 cuil. à café de vanille
- Le zeste râpé de 1/2 citron (facultatif)

Pour les crêpes :
- 2 œufs
- 2 cuil. à soupe de beurre fondu refroidi
- 24 cl de lait
- 90 g de farine
- 1/4 de cuil. à café de sel
- 115 g de beurre fondu
- 1 cuil. à soupe d'huile végétale
- Fromage frais à 40 %

1 Pour la farce : mettez le cottage cheese dans une mousseline doublée que vous serrerez bien afin d'éliminer le maximum de liquide possible. Puis, à l'aide du dos d'une cuillère en bois, passez le fromage à travers une passoire dans un récipient. Ajoutez les autres ingrédients et battez jusqu'à l'obtention d'une pâte lisse. Réservez au frais.

2 Pour les crêpes : dans un mixeur, mélangez les œufs, le beurre fondu refroidi et le lait. Ajoutez la farine et le sel, et mixez bien afin d'éliminer les grumeaux. Laissez au frais environ 30 min.

3 Dans un petit bol, mélangez l'huile avec les 115 g de beurre fondu. Faites chauffer une poêle d'environ 15 cm de diamètre et huilez-la du mélange huile-beurre. Étalez 4 cuillerées à soupe de pâte dans la poêle. Faites-la cuire environ 1 min, jusqu'à ce qu'elle soit colorée sur un seul côté. Glissez-la sur une assiette, côté cuit au-dessus. Huilez de nouveau la poêle, faites cuire la deuxième crêpe, et renouvelez l'opération pour toutes les crêpes.

4 Versez 3 cuillerées à soupe de farce sur le côté cuit de chaque crêpe et formez un rectangle de 7 × 2,5 cm. Rabattez les côtés vers le centre, puis roulez le blintze avant de le poser sur une plaque légèrement beurrée.

5 Mettez le mélange huile-beurre restant dans une grande poêle et faites-la chauffer à feu moyen. Faites dorer 5 blintzes pendant 3 à 5 min sur chaque face, côté « couture » en dessous. Dès qu'ils sont bien colorés, posez-les sur la plaque et gardez-les au chaud pendant que vous faites cuire les autres blintzes.

6 Servez chauds, accompagnés de fromage frais ou de confiture. Si vous les préparez la veille, il vous suffit de les réchauffer 20 min au four à 175 °C (th. 5-6).

Funnel cakes

Pour **6 personnes** – Préparation : **10 minutes** – Cuisson : **4 minutes** par funnel cake
Difficulté : ★★ - Coût : €

- 240 g de farine
- 1 cuil. à café de levure chimique
- 1/2 cuil. à café de sel
- 1 cuil. à soupe de sucre semoule
- 2 œufs
- 24 cl de lait entier
- 2 l d'huile végétale

1 Préchauffez le four au plus bas niveau (th. 1). Couvrez la plaque avec du papier absorbant et posez-la dans le four.

2 Dans un bol de taille moyenne, mélangez la farine, le sucre, la levure et le sel. Réservez.

3 Dans un grand saladier, battez les œufs avec 24 cl de lait. Incorporez la préparation à la farine et mélangez jusqu'à l'obtention d'une pâte lisse.

4 Pour tester la texture de la pâte, utilisez un entonnoir avec une ouverture d'environ 1,5 cm. Bouchez l'ouverture avec votre doigt et mettez environ 6 cl de pâte dans l'entonnoir. Laissez couler la pâte dans le saladier ; si elle coule trop lentement et semble trop épaisse, ajoutez du lait, cuillerée par cuillerée.

5 Dans une friteuse ou une sauteuse, mettez 2 litres d'huile végétale et faites chauffer à 190 °C. Tenez l'entonnoir dans une main, le doigt sur l'ouverture afin d'en bloquer la sortie. Mettez environ 12 cl de pâte dans la partie supérieure de l'entonnoir et laissez couler en ôtant votre doigt de l'ouverture. Formez 3 ou 4 cercles concentriques de plus en plus larges pour dessiner un escargot d'environ 15 cm de diamètre. Renouvelez cela pour chaque funnel cake. Faites frire 2 min sur chaque face. Quand le beignet est bien coloré, sortez-le et posez-le sur la plaque du four. Continuez à faire cuire les autres funnel cakes. Si la pâte épaissit, ajoutez 1 cuillerée à soupe de lait à la fois pour retrouver une bonne texture. Saupoudrez de sucre glace avant de servir.

Gâteau du matin à la noix muscade

Pour **6 personnes** – Préparation : **15 minutes** – Cuisson : **25 minutes**

Difficulté : ★ - Coût : €

- 100 g de beurre non salé à température ambiante
- 180 g de farine
- 195 g de sucre vergeoise blonde
- 1 1/4 de cuil. à café de noix muscade râpée
- 1/2 cuil. à café de bicarbonate de soude
- 12 cl de lait fermenté ou de yaourt nature
- 3/4 de cuil. à café de vanille
- 1 jaune d'œuf

1 Préchauffez le four à 190 °C (th. 6-7) et beurrez un moule carré de 20 cm de côté.

2 Dans un récipient, mettez le beurre, la farine, le sucre vergeoise et la noix muscade. Mélangez le tout avec une fourchette jusqu'à l'obtention de grosses miettes. Mettez de côté l'équivalent d'une tasse (environ 24 cl) pour le crumble.

3 Dans un petit bol, mélangez le lait fermenté (ou le yaourt) et le bicarbonate de soude à l'aide d'un fouet, avant d'incorporer la vanille et le jaune d'œuf. Versez cette préparation dans le récipient contenant le beurre, la farine, le sucre et la noix muscade. Mélangez bien.

4 Étalez la pâte dans le moule beurré et parsemez du crumble que vous avez réservé.

5 Laissez cuire environ 25 min, jusqu'à ce que la lame de votre couteau ressorte sèche. Servez tiède ou à température ambiante. Saupoudrez de sucre glace avant de servir.

Variantes

Si vous aimez les noix, vous pouvez ajouter 100 g de noix hachées au mélange crumble.
Si vous préférez le citron, vous pouvez remplacer la noix muscade par le zeste de 1 citron et 2 cuillerées à soupe de jus de citron.

Muffins

Pour **12 muffins** – Préparation : **10 minutes** – Cuisson : **25 minutes**
Difficulté : ★★ - Coût : €€

- 250 g de farine
- 100 g de sucre
- 3 cuil. à café de levure chimique
- 1/2 cuil. à café de sel
- 18 cl de lait entier
- 8 cl d'huile végétale
- 1 œuf

1 Préchauffez le four à 205 °C (th. 7). Beurrez le fond (et non les côtés) de 12 moules à muffin.

2 Dans un récipient, mélangez la farine, le sucre, la levure et le sel.

3 Dans un autre récipient, mélangez le lait, l'huile et l'œuf à l'aide d'un fouet. Incorporez cette préparation (et les ingrédients des recettes variantes) à la farine avec une spatule souple, sans trop mélanger, jusqu'à obtention d'une pâte légèrement grumeleuse.

4 Remplissez les 2/3 de chaque moule. Faites cuire environ 25 min, jusqu'à ce que la lame de votre couteau ressorte sèche. Laissez refroidir 1 min sur une grille avant de les démouler. Les muffins se mangent chauds avec du beurre.

Conseil
Il est très important de ne pas trop mixer la pâte. Elle doit contenir des grumeaux.

Variantes
Aux myrtilles : 145 g de myrtilles, 1 cuillerée à café de zeste de citron râpé.
Au citron : 1 cuillerée à soupe de zeste de citron râpé.
À l'orange : 18 cl de jus d'orange (à la place du lait), 1 cuillerée à soupe de zeste d'orange finement râpé.
Aux pommes : 18 cl de jus de pomme (à la place du lait), 125 g de pommes, pelées et coupées en petits dés, 1 cuillerée à café de cannelle.
Aux fruits secs : 100 g de pruneaux ou d'abricots secs, coupés en petits dés.

Pain au maïs

Pour **6 personnes** – Préparation : **15 minutes** – Cuisson : **30 minutes**

Difficulté : ★★ - Coût : €

- 180 g de farine
- 140 g de farine de maïs
- 110 g de sucre semoule
- 1 cuil. à café de levure chimique
- 1/2 cuil. à café de bicarbonate de soude
- 1 cuil. à café de sel
- 1 gros œuf
- 36 cl de lait fermenté
- 75 g de beurre fondu
- 1 cuil. à café de beurre pour la poêle

1 Préchauffez le four à 205 °C (th. 7). Dans un récipient de taille moyenne, mélangez la farine, la farine de maïs, la levure, le bicarbonate de soude et le sel.

2 Dans un récipient plus grand, mélangez l'œuf avec le sucre. Puis incorporez successivement 1/3 du mélange de farines, 1/3 du lait fermenté... Ajoutez enfin le beurre fondu.

3 Chauffez une poêle en fonte de 23 cm de diamètre, faites fondre 1 cuillerée à café de beurre sans oublier de beurrer les côtés. Étalez la pâte dans la poêle chaude. Enfournez et laissez cuire pendant 30 min, jusqu'à ce que le dessus commence à se colorer.

4 Servez chaud en découpant des parts que vous pouvez tartiner de beurre.

Conseil

Ne confondez pas la farine de maïs et la Maïzena, également composée de maïs, mais plus finement moulue.

Pain perdu

Pour **8 à 10 personnes** – Préparation : **15 minutes** – Cuisson : **45 minutes**

Difficulté : ★ - Coût : € €

- 115 g de beurre
- 200 g de sucre vergeoise blonde
- 2 cuil. à soupe de sirop de maïs
- 1 pain de campagne de 24 cm de diamètre
- 5 gros œufs
- 18 cl de lait
- 18 cl de crème liquide
- 1 cuil. à café d'extrait de vanille
- 1 cuil. à café de Grand Marnier ou de Cointreau
- 1/4 cuil. à café de sel

1 Beurrez un moule de 22 × 33 cm. Dans une petite casserole, faites fondre le beurre avec le sucre et le sirop de maïs, puis mélangez à l'aide d'une cuillère en bois jusqu'à ce que ce caramel soit bien lisse. Étalez-le dans le moule.

2 Coupez 6 tranches de 2,5 cm d'épaisseur au centre du pain. Ôtez la croûte, et placez les tranches les unes contre les autres dans le moule.

3 Dans un récipient, battez les œufs, le lait, la crème, la vanille, la liqueur et le sel, et versez ce mélange sur le pain. Couvrez de film et mettez au frais pendant environ 8 heures.

4 Sortez le plat du réfrigérateur pour qu'il soit à température ambiante avant de le faire cuire. Préchauffez le four à 175 °C (th. 5-6). Enfournez à découvert et faites cuire pendant 35 à 45 min, jusqu'à ce que le pain soit bien gonflé et légèrement doré.

5 Coupez en carrés, en retournant chaque morceau au moment de le servir afin que le caramel soit au-dessus.

Conseils

Cette recette peut aussi se faire avec une baguette normale.
Vous n'êtes pas obligés d'ôter la croûte du pain choisi.

Pancakes

Pour **6 personnes** – Préparation : **10 minutes** – Cuisson : **20 minutes**

Difficulté : ★ - Coût : €

- 240 g de farine
- 55 g de sucre semoule
- 3 cuil. à café de levure chimique
- 1/2 cuil. à café de sel
- 2 gros œufs
- 2 cuil. à soupe d'huile végétale
- 25 cl de lait entier
- Beurre et huile végétale pour la cuisson

1 Dans un récipient, mélangez la farine, le sucre, la levure et le sel à l'aide d'un fouet.

2 Dans un autre saladier, battez les œufs, l'huile végétale et le lait jusqu'à ce que ce mélange soit légèrement mousseux.

3 Versez cette préparation sur les ingrédients secs. Mélangez doucement. Veillez à ne pas trop travailler la pâte : elle ne doit pas être trop lisse.

4 Chauffez une grande poêle, ajoutez-y un peu d'huile et de beurre. Versez une demie louche de pâte de manière à ce qu'elle s'étale en crêpe de 9 cm de diamètre. Faites cuire jusqu'à ce que la surface se couvre de petites bulles. Retournez le pancake. Attention, l'autre côté cuit toujours plus vite. Préparez ainsi tous les pancakes et empilez-les au fur et à mesure.

5 Servez immédiatement, accompagnés de sirop d'érable, ou de sucre mélangé avec de la cannelle. On sert souvent les pancakes empilés avec un petit morceau de beurre sur chaque pancake.

Variantes

120 g de farine normale, 110 g de farine complète et du sucre vergeoise blonde au lieu du sucre semoule.

Vous pouvez, avant cuisson, agrémenter cette recette de base d'un des ingrédients suivants : 60 g de myrtilles fraîches ou surgelées ; 75 g de noix ou noix de pécan hachées ; 50 g de bacon cuit croustillant et émietté ; 50 g d'abricots secs ou de pruneaux coupés en dés.

Coleslaw

Pour **6 personnes** – Préparation : **15 minutes**
Difficulté : ★ - Coût : €

- 450 g de chou
- 2 petites carottes
- 1 petit oignon
- 2 cuil. à soupe de jus de citron
- 1 cuil. à café de graines de carvi
- 1 cuil. à café de sucre
- 75 g de mayonnaise
- 75 g de fromage frais battu
- Sel et poivre

1 Râpez grossièrement le chou. Épluchez les carottes et coupez-les en lanières ou râpez-les plus finement.

2 Ajoutez l'oignon finement haché, le jus de citron, les graines de carvi, le sucre, du sel et du poivre.

3 Incorporez la mayonnaise et le fromage frais. Gardez au frais au moins 2 heures avant de servir.

Frittata aux poivrons rouges rôtis

Pour **6 personnes** – Préparation : **30 minutes** – Cuisson : **30 minutes**

Difficulté : ★★ - Coût : €

- 2 poivrons rouges
- 12 gros œufs
- 6 cl de lait entier
- 45 g de parmesan finement râpé
- 2 gousses d'ail, hachées finement
- 1/2 cuil. à café de sel
- 1/2 cuil. à café de poivre
- 2 grosses tomates
- 1 botte de basilic frais, haché
- 3 cuil. à soupe d'huile d'olive
- 2 cuil. à soupe de persil plat finement haché

1 Sur une plaque recouverte de papier aluminium, mettez les poivrons sous le gril environ 15 min, en les tournant régulièrement. Sortez-les du four et mettez-les dans un sac en plastique afin que leur peau se décolle et qu'ils refroidissent. Ôtez la peau et les graines, puis coupez la chair en fines lamelles.

2 Dans un saladier, mélangez les œufs, le lait, le fromage, l'ail, le sel et le poivre à l'aide d'un fouet.

3 Faites bouillir de l'eau dans une casserole. Plongez-y les tomates 2 minutes et sortez-les. Vous enlèverez ainsi plus facilement leur peau. Ensuite, épépinez-les et hachez-les. Ajoutez les tomates et le basilic haché au mélange aux œufs.

4 Dans une grande poêle anti-adhésive, faites chauffer 2 cuillerées à soupe d'huile à feu vif. Versez-y les œufs et faites cuire environ 3 min en décollant les bords. Couvrez, baissez le feu et laissez cuire encore 5 min environ.

5 Glissez la frittata sur une assiette. Placez les lamelles de poivrons rouges pour former les rayons d'une roue. Renversez doucement la frittata dans la poêle. Versez un filet l'huile d'olive sur les bords de la frittata pour qu'il coule en-dessous et faites cuire à feu doux environ 5 min, avec le couvercle. Renversez la frittata sur le plat de service. Parsemez de persil haché, coupez en parts et servez.

Guacamole

Pour **6 personnes** – Préparation : **15 minutes**
Difficulté : ★ - Coût : €

- 2 ou 3 avocats
- 1 grosse tomate
- 1 petit oignon ou 5 cives
- 10 brins de coriandre fraîche
- 1 piment rouge frais ou un peu de piment séché
- 2 cuil. à soupe de jus de citron vert
- 1/2 cuil. à café de sel

1 Ébouillantez quelques secondes la tomate pour en ôter la peau plus facilement. Épépinez-la et hachez-la. Hacher finement l'oignon ou les cives, les feuilles de coriandre et la chair du piment, dont vous aurez préalablement ôté les graines.

2 À l'aide d'une cuillère à café, prélevez la chair des avocats et versez-la dans un saladier. Écrasez-la avec une fourchette, puis incorporez la tomate, l'oignon, la coriandre, le piment, le jus du citron vert et le sel.

3 Couvrez le saladier de film alimentaire et réservez au moins une heure au réfrigérateur avant de servir. Gardez le noyau d'un avocat et enfoncez-le dans le guacamole avant de mettre celui-ci au réfrigérateur : cela l'empêchera de noircir.

Conseil
Il est préférable de porter des gants de cuisine lorsque l'on ôte les graines du piment.

Œufs au four aux épinards et aux champignons

Pour **6 personnes** – Préparation : **25 minutes** – Cuisson : **7 minutes**

Difficulté : ★ - Coût : €

- 450 g d'épinards surgelés
- 1 petit oignon, finement haché
- 2 gousses d'ail, hachées
- 45 g de beurre
- 250 g de champignons, coupés en tranches
- 12 cl de crème liquide
- 1/4 cuil. à café de sel
- 1/4 cuil. à café de poivre
- 1/4 cuil. à café de poudre de noix muscade
- 6 gros œufs
- 3 cuil. à soupe de parmesan

1 Faites décongeler les épinards dans une passoire. Enlevez le maximum d'eau. Hachez-les.

2 Dans une poêle, faites chauffer le beurre. Ajoutez l'oignon et l'ail puis faites cuire à feu moyen environ 3 min, en remuant de temps en temps. Ajoutez les champignons, et laissez cuire environ 5 min jusqu'à ce qu'ils aient perdu leur eau.

3 Ajoutez la crème, le sel, le poivre, la noix muscade, et les épinards, et portez à ébullition. Ôtez du feu.

4 Préchauffez le four à 230 °C (th. 8-9). Beurrez un plat allant au four de 25 × 17 cm. Étalez la préparation aux épinards dans le plat. Formez six puits dans lesquels vous casserez les 6 œufs. Faites cuire sans couvercle environ 7 min, pour que les œufs soient fermes et les jaunes toujours liquides. Assaisonnez de sel et de poivre et saupoudrez de parmesan avant de servir.

Conseils

Si vous faites la préparation aux épinards la veille, couvrez et mettez-la au frais. Avant d'ajouter les œufs et de faire cuire le plat, faites réchauffer les épinards au four ou au micro-ondes.

Œufs Bénédicte à la sauce hollandaise

Pour **6 à 12 personnes** (1 à 2 œufs par personne) – Préparation et cuisson : **45 minutes**

Difficulté : ★★ - Coût : €€

Pour la sauce hollandaise :
- 6 jaunes d'œuf
- 8 cl de jus de citron
- 2 pincées de poivre blanc
- 1/4 de cuil. à café de sauce Worcestershire
- 340 g de beurre fondu
- 1/4 de cuil. à café de sel

Pour les œufs :
- 12 œufs
- 1 1/2 cuil. à café de vinaigre blanc
- 12 tranches fines de bacon canadien
- 6 muffins anglais
- 40 g de beurre à température ambiante
- 1 petite botte de ciboulette

1 Pour la sauce : dans un bain-marie, ou l'eau qui frémit ne touche pas la casserole de dessus, mélangez les jaunes d'œufs avec le jus de citron, le poivre, la sauce Worcestershire et 1 cuillerée à soupe d'eau. Tout en fouettant, ajoutez le beurre fondu, une cuillerée à soupe à la fois. Si, avant d'ajouter tout le beurre, la sauce devient trop épaisse, mettez 1 cuillère à café et demie d'eau puis le beurre restant. Incorporez le sel, ôtez du feu et couvrez pour conserver au chaud.

2 Pour les œufs : faites cuire les tranches de bacon canadien dans une poêle non-beurrée à feu moyen jusqu'à ce qu'elles soient légèrement dorées sur chaque face. Faites toaster les deux moitiés de muffins anglais.

3 Dans une casserole de 23 cm de diamètre, portez à ébullition 2 litres d'eau et ajoutez le vinaigre. Cassez les œufs dans l'eau frémissante et faites-les cuire 2 à 3 min. Sortez-les de l'eau avec une écumoire et posez-les sur du papier absorbant, sur une assiette chaude.

4 Sur chaque assiette, placez les deux moitiés du muffin beurrées, ajoutez une tranche de bacon grillé sur chaque moitié, sur laquelle vous posez un œuf poché, et versez 3 cuillerées à café de sauce. Parsemez de ciboulette hachée et servez immédiatement.

Conseils

Traditionnellement, les œufs Bénédicte sont servis avec du bacon. Cependant, il est possible de remplacer le bacon par 250 g de saumon fumé, du crabe frais légèrement chauffé, ou un cœur d'artichaut légèrement sauté.

Pour cette recette, il faut compter deux œufs par personne, à moins que vous n'ayez pas grand appétit ou que vous prépariez des plats supplémentaires. Dans ce cas, un œuf par personne suffira.

Œufs à la mexicaine

Huevos Rancheros

Pour **6 personnes** – Préparation : **30 minutes** – Cuisson : **18 minutes**

Difficulté : ★★ - Coût : €

- 6 tortillas de maïs ou de farine de 20 cm de diamètre
- 1/2 gros oignon haché
- 1 gousse d'ail finement hachée
- 2 cuil. à soupe d'huile d'olive
- 450 g de tomates en boîte, ou 3 grosses tomates, hachées
- 1 piment, haché, les graines ôtées
- 1 pincée de chili en poudre
- 1/4 de cuil. à café de sel
- 3 cuil. à soupe de coriandre fraîche, hachée
- 6 œufs
- 55 g de cheddar râpé

1 Dans une sauteuse légèrement huilée, faites chauffer une à une les tortillas à feu fort, 5 secondes sur chaque face.

2 Tapissez le fond d'un plat à four de 30 × 45 cm avec les tortillas afin qu'elles couvrent le fond et dépassent de 2 cm sur les côtés.

3 Dans la même sauteuse, ajoutez l'huile d'olive. Faites revenir l'oignon et l'ail environ 8 min, jusqu'à ce qu'ils soient tendres. Ajoutez les tomates, le piment, le chili en poudre et le sel, et faites mijoter, à découvert, pendant 10 min en remuant de temps en temps. Ajoutez la coriandre hachée.

4 Étalez cette préparation sur les tortillas. Formez 6 puits dans ce mélange (un puits par tortilla) et cassez doucement un œuf dans chacun de ces puits.

5 Couvrez de papier aluminium, enfournez et laissez cuire pendant 15 min. Saupoudrez de fromage râpé et remettez au four encore 2 min. Servez chaud accompagné de guacamole, de coriandre fraîche et de tranches de citron vert.

Conseil

N'oubliez pas de porter des gants de cuisine quand vous hachez le piment.

Omelette aux pommes de terre et au bacon

Pour **2 personnes** (1 omelette par personne) – Préparation : **30 minutes** – Cuisson : **10 minutes**
Difficulté : ★ - Coût : €

Pour l'omelette :
- 4 gros œufs à température ambiante
- 30 g de beurre non salé
- 2 pincées de sel
- Poivre du moulin

Pour la farce :
- 250 g de pommes de terre
- 4 tranches de bacon ou de poitrine fumée

1 Pour la farce : dans une casserole d'eau bouillante, faites cuire environ 30 min les petites pommes de terre non épluchées. Sortez-les et laissez-les tiédir. Épluchez-les et coupez-les en rondelles de 3 mm d'épaisseur. Salez légèrement et poivrez.

2 Faites cuire 4 tranches de bacon ou de poitrine fumée coupées en petits dés dans une poêle, sans ajouter de matière grasse.

3 Ôtez les morceaux de la poêle et disposez-les sur du papier absorbant.

4 Pour les omelettes : dans un bol, battez les œufs avec 4 cuillerées à soupe d'eau chaude.

5 Faites chauffer une poêle de 22 cm de diamètre. Lorsque la poêle est bien chaude, mettez 30 g de beurre puis la moitié des œufs battus. Répartissez le mélange dans la poêle. Dès que les bords commencent à se solidifier, décollez-les à l'aide d'une spatule.

6 Lorsque l'omelette vous semble solide, ajoutez la moitié de la farce le long d'une ligne au centre de l'omelette.

7 Pliez l'omelette en deux et glissez-la sur une assiette chaude. Faites de même pour confectionner la deuxième omelette. Salez et poivrez avant de servir et parsemez de persil plat ou de ciboulette haché.

Conseils
– N'ajoutez pas de sel avant de faire l'omelette car il durcit les œufs.
– La poêle doit être suffisamment chaude lorsque vous mettez le beurre.
– L'omelette doit rester un peu baveuse au moment où vous ajoutez la farce.

Omelette au four au jambon et aux champignons

Pour **6 personnes** – Préparation : **25 minutes** – Cuisson : **30 minutes**

Difficulté : ★★ - Coût : €€

Pour la sauce au cheddar :

- 45 g de beurre
- 25 g de farine (3 cuil. à soupe)
- 42 cl de lait
- 1/2 cuil. à café de sel
- 2 pincées de poivre
- 115 g de cheddar râpé

Pour l'omelette :

- 15 g de beurre
- 6 champignons coupés en tranches
- 45 g de beurre
- 1 petit oignon haché
- 3 œufs battus
- 135 g de jambon coupé en dés

1 Pour la sauce au cheddar : dans une petite casserole, faites fondre le beurre, incorporez-y la farine en remuant avec une cuillère en bois. Ajoutez le lait, le sel et le poivre, tout en remuant, jusqu'à ce que le mélange soit épais et lisse (environ 7 min). Ajoutez le fromage tout en remuant afin qu'il fonde. Réservez au frais.

2 Beurrez un plat de 23 × 33 cm. Dans une petite poêle, faites dorer les champignons dans 1 cuillerée à soupe de beurre jusqu'à ce que le liquide s'évapore.

3 Dans une grande poêle, faites revenir l'oignon dans 45 g de beurre. Ajoutez-y les œufs battus et le jambon pour faire des œufs brouillés, en remuant avec une cuillère en bois. Ôtez du feu puis incorporez les champignons et la sauce au cheddar. Étalez dans le plat beurré, couvrez de film et gardez au frais jusqu'au lendemain.

4 Préchauffez le four à 175 °C (th. 5-6). Enfournez et faites cuire pendant 30 min. Servez immédiatement.

Conseil

Préparez ce plat la veille car il nécessite une longue période au frais.

Ramequins de jambon aux artichauts et aux œufs

Pour **6 personnes** – Préparation : **15 minutes** – Cuisson : **12 minutes**

Difficulté : ★★ - Coût : €€

- 6 tranches de jambon, de copa ou de pancetta
- 15 g de beurre
- 2 cuil. à soupe de ciboulette hachée
- 3 cuil. à café de persil plat haché
- 2 cuil. à café de basilic frais (ou 1 cuil. à café de basilic séché)
- 3 fonds d'artichauts, égouttés et coupés en fines tranches
- 6 gros œufs
- 6 cuil. à soupe de parmesan
- Poivre du moulin

1 Beurrez 6 petits ramequins. Tapissez le fond de chaque ramequin de jambon de façon à ce qu'il recouvre le fond et dépasse légèrement sur les côtés.

2 Dans une petite poêle, faites revenir 3 min les tranches d'artichauts dans le beurre. Laissez refroidir. Ajoutez les herbes, poivrez et répartissez dans les ramequins.

3 Cassez un œuf dans chaque ramequin, poivrez, et saupoudrez de parmesan. Vous pouvez préparer les ramequins la veille : dans ce cas, couvrez-les de film alimentaire et mettez-les au frais.

4 Préchauffez le four à 205 °C (th. 7). Enfournez et faites cuire 9 à 12 min, jusqu'à ce que le blanc des œufs prenne et le fromage dore. Servez immédiatement.

Variantes

Vous pouvez remplacer les fonds d'artichauts par des champignons tranchés et sautés.
Vous pouvez faire sauter le jambon dans un peu de beurre avant d'en tapisser les ramequins.

Salade César

Pour **6 personnes** – Préparation : **45 minutes**

Difficulté : ★ - Coût : € €

Pour la salade :

- 4 anchois
- 3 gousses d'ail, haché
- 2 cuil. à soupe d'huile d'olive
- 1 cuil. à café de sauce Worcestershire
- 1 cuil. à café de moutarde de Dijon
- 1/2 cuil. à café de sauce pimentée
- 325 g de mayonnaise
- 30 g de parmesan râpé + 2 cuil. à soupe de parmesan
- 2 cuil. à soupe de jus de citron
- 2 cœurs de salade romaine
- Sel et poivre du moulin

Pour les croûtons :

- 8 tranches de baguette pour faire des croûtons
- 30 g de beurre
- 2 cuil. à soupe d'huile d'olive
- 2 gousses d'ail coupées en tranches

1 Pour les croûtons : faites fondre le beurre avec l'huile d'olive. Ajoutez 2 gousses d'ail coupées en tranches fines. Laissez reposer 15 min, puis retirez l'ail. Salez et poivrez.

2 Dans un grand bol, versez cette préparation sur le pain coupé en dés. Remuez doucement.

3 Préchauffez le four à 180 °C (th. 6). Disposez les croûtons sur la plaque du four et faites-les cuire 12 à 15 min en les retournant de temps en temps jusqu'à ce qu'ils soient bien dorés.

4 Dans le bol d'un robot, mixez les anchois, l'ail, l'huile d'olive, la sauce Worcestershire, la moutarde et la sauce piquante. Ajoutez la mayonnaise, 2 cuillerées à soupe de parmesan et le jus de citron. Mélangez à l'aide d'un fouet. Salez et poivrez.

5 Prélevez les feuilles des cœurs de salade romaine, lavez-les, essorez-les et déchirez-les en morceaux avant de les mettre dans un grand saladier. Versez environ 18 cl de sauce Worcestershire et mélangez bien. Ajoutez les croûtons et les 30 g de parmesan. Poivrez. Servez cette salade accompagnée de la sauce restante.

Variante

Vous pouvez ajouter à votre salade des tranches de rôti de bœuf froid ou de blancs de poulet grillés.

Steak haché œuf à cheval aux pommes de terre sautées

Pour **6 personnes** – Préparation : **30 minutes** – Cuisson : **15 minutes**

Difficulté : ★ - Coût : €

Pour les steaks hachés œufs à cheval :

- 125 g de viande hachée par personne ou 6 steaks hachés déjà faits
- 6 œufs
- 30 g de beurre

Pour les pommes de terre sautées :

- 1 kg de pommes de terre (Charlotte, Belle de Fontenay, Roseval ou BF15)
- 60 g de beurre
- Sel
- Poivre
- 3 cuil. à soupe de persil plat
- 4 pincées de feuilles de thym

1 Faites cuire les pommes de terre 12 à 15 min dans une casserole d'eau bouillante salée jusqu'à ce qu'elles soient cuites mais encore fermes.

2 Laissez-les tiédir, épluchez-les et coupez-les en rondelles de 3 mm d'épaisseur. Chauffez une poêle de 30 cm de diamètre, ajoutez 60 g de beurre et faites rissoler les rondelles. Lorsqu'elles sont bien dorées, assaisonnez de sel et de poivre. Vous pouvez les saupoudrer de persil plat haché et de thym. Gardez-les au chaud.

3 Faites cuire les steaks hachés sous le gril ou dans une poêle en fonte bien chaude et légèrement huilée, 3 min de chaque côté. Salez et poivrez. Gardez-les au chaud.

4 Œufs au plat : faites chauffer une poêle à feu moyen et ajoutez 5 g de beurre pour chaque œuf. Remuez la poêle pour bien répartir le beurre fondu. Cassez les œufs dans la poêle et mettez une cuillerée à soupe d'eau sur chaque œuf. Couvrez bien et laissez cuire environ 2 min. Les blancs doivent être fermes et les jaunes doivent rester liquides.

5 Mettez un œuf sur chaque steak haché et assaisonnez de sel et de poivre. Servez avec les pommes de terre sautées.

Brochettes de fruits

Pour **6 personnes** – Préparation : **15 minutes** – Marinade : **30 minutes** – Cuisson : **7 minutes**
Difficulté : ★★ - Coût : €€

- 100 g de miel
- 450 g de fruits (pêches, nectarines, fraises, prunes, pommes, poires)
- 1 cuil. à soupe de romarin frais, haché
- 2 cuil. à soupe de sucre semoule

1 La veille, portez à ébullition le romarin haché, le miel et 2 cuillerées à soupe d'eau. Ôtez du feu, couvrez et laissez au frais jusqu'au lendemain.

2 Épluchez les fruits (si nécessaire), ôtez les noyaux et les pépins puis coupez-les en morceaux de la même taille, environ 2,5 cm de côté. Enfilez les morceaux sur les brochettes en alternant les couleurs.

3 Badigeonnez les brochettes de sauce au miel et faites-les mariner dans la préparation au romarin 30 min en les tournant de temps en temps.

4 Préchauffez le gril, égouttez les brochettes, saupoudrez-les de sucre et enfournez à 10 cm du gril. Laissez cuire 5 à 7 min, jusqu'à ce que les bords commencent à dorer.

Compote de pêches et de pommes

Pour **6 personnes** – Préparation : **10 minutes** – Cuisson : **30 minutes**

Difficulté : ★★ - Coût : €€

- 1,5 kg de pêches
- 500 g de pommes
- 50 g de cassonade
- 1 cuil. à soupe de cannelle
- 1 cuil. à soupe de Cointreau ou autre liqueur d'orange

1 Pelez les fruits et coupez-les en tranches de 2 cm de large.

2 Dans une casserole, faites cuire à feu doux et avec couvercle pendant 30 min, les fruits, la cassonade, la cannelle et 3 cuillères à soupe d'eau.

3 Ajoutez le Cointreau. Servez tiède ou à température ambiante.

Pommes sautées

Pour **6 personnes** – Préparation : **10 minutes** – Cuisson : **15 minutes**

Difficulté : ★ - Coût : €

- 4 grosses pommes Granny
- 30 g de beurre
- 3 cuil. à soupe de sucre semoule
- 1/2 cuil. à café de cannelle
- Le jus de 1 citron

1 Épluchez les pommes, enlevez le cœur et coupez-les en tranches.

2 Dans une grande sauteuse, faites-les cuire 5 min dans du beurre, à feu moyen, en remuant de temps en temps.

3 Parsemez de sucre et de cannelle, baissez le feu et poursuivez la cuisson pendant 5 à 10 min tout en remuant, jusqu'à ce que les pommes soient tendres.

4 Ajoutez le jus du citron selon votre goût. Servez tiède.

Conseil

Vous pouvez servir ces pommes sautées avec des pancakes. Elles remplacent très bien le sirop d'érable.

RUPERT
COVTRY
LEIC
SQ.
HARBOUR
Fields

Salade d'agrumes, sauce à la menthe

Pour **6 personnes** – Préparation : **30 minutes**

Difficulté : ★★ - Coût : €€

- 2 pamplemousses roses
- 2 pamplemousses blancs
- 6 grosses oranges
- Les feuilles de 4 brins de menthe
- 55 g de sucre semoule
- 45 g de canneberges séchées

1 Épluchez les agrumes. Ôtez la chair des membranes et mettez les morceaux et leur jus dans un grand récipient. Si vous préparez les fruits la veille, couvrez-les de film alimentaire et mettez-les au frais.

2 Dans le bol d'un robot, hachez finement les feuilles de menthe et le sucre. Ajoutez aux agrumes et incorporez les canneberges séchées. Servez froid.

Conseil

Vous pouvez ajouter des nectarines ou d'autres fruits et remplacer les canneberges par des raisins secs ou des myrtilles séchées.

Salade d'agrumes, sauce au zeste de citron

Pour **6 personnes** – Préparation : **30 minutes**

Difficulté : ★★ - Coût : €€

- 6 oranges (variété Navel)
- 2 pamplemousses
- 6 cuil. à soupe de sucre semoule
- 250 g de raisins sans pépins

1 Dans un bol, râpez finement le zeste de 2 oranges et de 1 pamplemousse. Ajoutez le sucre.

2 Pelez les oranges et les pamplemousses et séparez les morceaux des membranes. Récupérez autant de jus que possible.

3 Incorporez les raisins coupés en quatre et 3 cuillerées à soupe de sucre parfumé des zestes d'orange et de pamplemousse. Servez la compote avec le sucre parfumé restant.

Conseil

Vous pouvez préparer la compote la veille de votre brunch.

Salade de mangues et de myrtilles sauce au gingembre confit

Pour **6 personnes** – Préparation : **15 minutes**

Difficulté : ★★ - Coût : €€

- 2 citrons verts
- 75 g de sucre semoule
- 2 grosses mangues mûres
- 450 g de myrtilles
- 45 g de gingembre confit, finement haché

1 Enlevez le zeste d'un citron vert en le coupant en lamelles. Pressez les citrons verts afin d'obtenir 3 cuillerées à soupe de jus.

2 Dans une petite casserole, portez à ébullition 8 cl d'eau, le zeste de citron et le sucre. Remuez jusqu'à ce que le sucre soit dissous et laissez bouillir encore 3 min. Ôtez du feu et versez le jus de citron. Laissez refroidir ce sirop, puis jetez le zeste.

3 Coupez la chair des mangues en dés de 2 cm et mettez les morceaux dans un grand saladier. Ajoutez-y les myrtilles, le sirop et le gingembre confit. Servez frais.

Variante

Vous pouvez remplacer les myrtilles par des pêches (préparées comme les mangues).

Boisson au yaourt et aux fruits

Pour **6 personnes** – Préparation : **10 minutes**

Difficulté : ★ - Coût : €

- 60 cl de yaourt
- 200 g de fraises (gardez-en 6 pour décorer)
- 2 pêches
- 2 cuil. à café de miel
- 3 cuil. à soupe de muesli (facultatif)
- 6 brins de menthe fraîche

1 Pelez les pêches et ôtez les tiges des fraises. Dans un mixeur, mettez le yaourt, le miel, les fraises et la chair des pêches en deux ou trois fois, puis mixez jusqu'à ce que le mélange soit lisse.

2 Versez ce « smoothie » dans six grands verres remplis de quelques glaçons. Vous pouvez parsemer chaque verre de muesli et d'un brin de menthe. Entaillez les fraises restantes et placez-les sur le bord des verres.

Variante

« Smoothie » aux myrtilles : myrtilles fraîches ou à moitié décongelées, jus d'orange, yaourt à la vanille et sucre à volonté.

Cocktail de fruits

Pour **10 personnes** – Préparation : **10 minutes**

Difficulté : ★ - Coût : €

- 1,5 l de jus d'orange
- 1 l de jus d'ananas
- 1 l de boisson gazeuse à base de citron
- 6 cl de grenadine
- 1/2 l de glaçons
- 1 orange
- 1 citron
- 1 citron vert

1 Dans un grand récipient, mélangez le jus d'orange, le jus d'ananas, la boisson gazeuse et la grenadine.

2 Découpez l'orange, le citron et le citron vert en fines rondelles.

3 Ajoutez les glaçons et décorez avec les rondelles de fruits.

Variante

Pour préparer un punch, il vous suffira d'ajouter 24 cl de rhum.

Thé glacé à la menthe et aux agrumes

Pour **8 personnes** – Préparation : **10 minutes**

Difficulté : ★ - Coût : €

- 75 cl d'eau bouillante
- 12 brins de menthe
- 4 sachets de thé
- 50 g de sucre semoule
- 24 cl de jus d'orange
- 6 cl de jus de citron
- 1 orange, coupée en rondelles fines
- 1 citron, coupé en rondelles fines

1 Mettez les sachets de thé et les brins de menthe dans un grand pichet.

2 Ajoutez 75 cl d'eau bouillante et laissez infuser pendant 8 min avant d'ôter la menthe et les sachets de thé. Ajoutez le sucre et remuez.

3 Versez les jus d'orange et de citron et 1 litre d'eau froide. Servez dans des verres à moitié remplis de glaçons et décorés avec les tranches de fruits.

Variante

Vous pouvez remplacer l'eau froide par 1/2 litre d'eau froide et 1/2 litre de boisson gazeuse citronnée et sucrée.

Café frappé

Pour **2 personnes** – Préparation : **10 minutes**

Difficulté : ★ - Coût : €

- 16 cl de café
- 8 cl de lait entier
- 2 cuil. à café de sucre
- 2 cuil. à soupe de glace à la vanille
- 24 cl de petits glaçons

1 Faites 16 cl de café et laissez-le refroidir. Dans un mixeur, mettez le café, le lait, le sucre et la moitié des glaçons. Mixer jusqu'à ce que la boisson soit lisse.

2 Ajoutez la glace à la vanille et l'autre moitié des glaçons puis continuez à mixer jusqu'à l'obtention d'une boisson homogène.

3 Versez dans deux grands verres et servez avec un peu de crème fouettée.

Suggestions de menus

Brunch américain
Jus de fruit, café ou thé
Œufs Bénédicte sauce hollandaise
Salade de mangue et de myrtilles sauce au gingembre confit
Gâteau du matin à la noix muscade

Brunch New-Yorkais
Jus de fruit, café ou thé
Omelette au bacon et aux pommes de terre
Blintzes
Beignets aux pommes
Salade d'agrumes sauce à la menthe

Brunch français
Jus de fruit, café ou thé
Omelette au four au jambon et aux champignons
Muffins
Salade César
Pancakes
Compote de pêches et de pommes

Brunch Tex-Mex
Jus de fruit, café ou thé
Œufs à la mexicaine
Guacamole
Pain au maïs
Pommes sautées
Funnel cakes

Brunch 100% œufs
Jus de fruit, café ou thé
Frittata aux poivrons rouges rôtis
Œufs au four aux épinards et aux champignons
Ramequins de jambon aux fonds d'artichauts et aux œufs
Biscuits à la levure
Brochette de fruits

Brunch « country »
Jus de fruit, café ou thé
Steak haché œuf à cheval et pommes de terre sautées
Salade de chou cru
Pain perdu
Compote d'agrumes, sauce au zeste de citron

Remerciements

John Bentham remercie Marie Flores pour son aide précieuse, ainsi que les boutiques suivantes : Quand les belettes s'en mêlent, Paris ; Sentou, boulevard Raspail, Paris ; Kitchen Bazaar, Paris ; Ercole Moretti, de Sentou, pour l'assiette en verre de Murano p. 18.

L'éditeur remercie Cécile Mendiboure pour son aide précieuse.

Direction : Stephen Bateman
Direction éditoriale : Pierre-Jean Furet
Édition : Christine Martin
Conception intérieure : Dune Lunel
Réalisation intérieure : MCP
Conception couverture : Nicole Dassonville
Réalisation couverture : Sophie Bougnon
Fabrication : Claire Leleu

Dépôt légal : janvier 2005
ISBN : 2-01-62-0960-7
62-66-5117-01-7

Impression : G. Canale & C.S.p.A., Turin (Italie).